ADRESSBUCH
FÜR MÄDCHEN

Das Pocket Size Adressbuch

www.journalsrus.com

Adressbuch für Mädchen
Copyright © 2016 Ciparum LLC
All rights reserved.
ISBN-10:1-63589-144-2
ISBN-13:978-1-63589-144-7

Inhaltsverzeichnis

Name	Seite		Name	Seite

Name	Seite		Name	Seite

THIS PAGE IS INTENTIONALLY LEFT BLANK.

NAME………………………………………………………...
ADDRESSE………………………………………………………...
………………………………………………………………....
MOBIL ………………………………………………………….…
ZUHAUSE#………………………………………………………..
ARBEIT #…………………………………………………….......
FAX……………………………………………………………
EMAIL……………………………………………………………....

NAME………………………………………………………..
ADDRESSE……………………………………………………...
………………………………………………………………....
MOBIL ………………………………………………………….…
ZUHAUSE#………………………………………………………..
ARBEIT #…………………………………………………….......
FAX……………………………………………………………
EMAIL……………………………………………………………....

NAME………………………………………………………...
ADDRESSE………………………………………………………...
………………………………………………………………....
MOBIL ………………………………………………………….…
ZUHAUSE#………………………………………………………..
ARBEIT #…………………………………………………….......
FAX……………………………………………………………
EMAIL……………………………………………………………....

NOTIZEN:

NAME...

ADDRESSE..

....

MOBIL ....

ZUHAUSE#..

ARBEIT #...

FAX...

EMAIL..

NAME...

ADDRESSE..

....

MOBIL ....

ZUHAUSE#..

ARBEIT #...

FAX...

EMAIL..

NAME...

ADDRESSE..

....

MOBIL ....

ZUHAUSE#..

ARBEIT #...

FAX...

EMAIL..

NOTIZEN:

NAME..

ADDRESSE..

....

MOBIL ....

ZUHAUSE#...

ARBEIT #...

FAX..

EMAIL..

NAME..

ADDRESSE..

....

MOBIL ....

ZUHAUSE#...

ARBEIT #...

FAX..

EMAIL..

NAME..

ADDRESSE..

....

MOBIL ....

ZUHAUSE#...

ARBEIT #...

FAX..

EMAIL..

NOTIZEN:

NAME..
ADDRESSE...
....
MOBIL ....
ZUHAUSE#...
ARBEIT #...
FAX...
EMAIL..

NAME..
ADDRESSE...
....
MOBIL ....
ZUHAUSE#...
ARBEIT #...
FAX...
EMAIL..

NAME..
ADDRESSE...
....
MOBIL ....
ZUHAUSE#...
ARBEIT #...
FAX...
EMAIL..

NOTIZEN:

NAME...

ADDRESSE..

....

MOBIL ....

ZUHAUSE#..

ARBEIT #..

FAX...

EMAIL..

NAME...

ADDRESSE..

....

MOBIL ....

ZUHAUSE#..

ARBEIT #..

FAX...

EMAIL..

NAME...

ADDRESSE..

....

MOBIL ....

ZUHAUSE#..

ARBEIT #..

FAX...

EMAIL..

NOTIZEN:

NAME...

ADDRESSE..

....

MOBIL ....

ZUHAUSE#...

ARBEIT #..

FAX..

EMAIL..

NAME...

ADDRESSE..

....

MOBIL ....

ZUHAUSE#...

ARBEIT #..

FAX..

EMAIL..

NAME...

ADDRESSE..

....

MOBIL ....

ZUHAUSE#...

ARBEIT #..

FAX..

EMAIL..

NOTIZEN:

NAME..

ADDRESSE..

....

MOBIL ....

ZUHAUSE#..

ARBEIT #..

FAX...

EMAIL..

NAME..

ADDRESSE..

....

MOBIL ....

ZUHAUSE#..

ARBEIT #..

FAX...

EMAIL..

NAME..

ADDRESSE..

....

MOBIL ....

ZUHAUSE#..

ARBEIT #..

FAX...

EMAIL..

NOTIZEN:

NAME...

ADDRESSE...

....

MOBIL ....

ZUHAUSE#..

ARBEIT #...

FAX..

EMAIL...

NAME...

ADDRESSE...

....

MOBIL ....

ZUHAUSE#..

ARBEIT #...

FAX..

EMAIL...

NAME...

ADDRESSE...

....

MOBIL ....

ZUHAUSE#..

ARBEIT #...

FAX..

EMAIL...

NOTIZEN:

NAME..

ADDRESSE...

....

MOBIL ....

ZUHAUSE#..

ARBEIT #..

FAX...

EMAIL...

NAME..

ADDRESSE...

....

MOBIL ....

ZUHAUSE#..

ARBEIT #..

FAX...

EMAIL...

NAME..

ADDRESSE...

....

MOBIL ....

ZUHAUSE#..

ARBEIT #..

FAX...

EMAIL...

NOTIZEN:

NAME...

ADDRESSE..

....

MOBIL ....

ZUHAUSE#..

ARBEIT #..

FAX..

EMAIL..

NAME...

ADDRESSE..

....

MOBIL ....

ZUHAUSE#..

ARBEIT #..

FAX..

EMAIL..

NAME...

ADDRESSE..

....

MOBIL ....

ZUHAUSE#..

ARBEIT #..

FAX..

EMAIL..

NOTIZEN:

NAME...

ADDRESSE..

....

MOBIL ....

ZUHAUSE#...

ARBEIT #...

FAX...

EMAIL..

NAME...

ADDRESSE..

....

MOBIL ....

ZUHAUSE#...

ARBEIT #...

FAX...

EMAIL..

NAME...

ADDRESSE..

....

MOBIL ....

ZUHAUSE#...

ARBEIT #...

FAX...

EMAIL..

NOTIZEN:

NAME..

ADDRESSE..

....

MOBIL ....

ZUHAUSE#..

ARBEIT #..

FAX...

EMAIL..

NAME..

ADDRESSE..

....

MOBIL ....

ZUHAUSE#..

ARBEIT #..

FAX...

EMAIL..

NAME..

ADDRESSE..

....

MOBIL ....

ZUHAUSE#..

ARBEIT #..

FAX...

EMAIL..

NOTIZEN:

NAME..

ADDRESSE..

....

MOBIL ....

ZUHAUSE#...

ARBEIT #..

FAX..

EMAIL...

NAME..

ADDRESSE..

....

MOBIL ....

ZUHAUSE#...

ARBEIT #..

FAX..

EMAIL...

NAME..

ADDRESSE..

....

MOBIL ....

ZUHAUSE#...

ARBEIT #..

FAX..

EMAIL...

NOTIZEN:

NAME...

ADDRESSE...

....

MOBIL ....

ZUHAUSE#...

ARBEIT #..

FAX..

EMAIL..

NAME...

ADDRESSE...

....

MOBIL ....

ZUHAUSE#...

ARBEIT #..

FAX..

EMAIL..

NAME...

ADDRESSE...

....

MOBIL ....

ZUHAUSE#...

ARBEIT #..

FAX..

EMAIL..

NOTIZEN:

NAME...
ADDRESSE..
....
MOBIL ....
ZUHAUSE#...
ARBEIT #...
FAX..
EMAIL..

NAME...
ADDRESSE..
....
MOBIL ....
ZUHAUSE#...
ARBEIT #...
FAX..
EMAIL..

NAME...
ADDRESSE..
....
MOBIL ....
ZUHAUSE#...
ARBEIT #...
FAX..
EMAIL..

NOTIZEN:

NAME..

ADDRESSE..

....

MOBIL ....

ZUHAUSE#..

ARBEIT #...

FAX..

EMAIL...

NAME..

ADDRESSE..

....

MOBIL ....

ZUHAUSE#..

ARBEIT #...

FAX..

EMAIL...

NAME..

ADDRESSE..

....

MOBIL ....

ZUHAUSE#..

ARBEIT #...

FAX..

EMAIL...

NOTIZEN:

NAME..

ADDRESSE..

....

MOBIL ....

ZUHAUSE#...

ARBEIT #..

FAX..

EMAIL...

NAME..

ADDRESSE..

....

MOBIL ....

ZUHAUSE#...

ARBEIT #..

FAX..

EMAIL...

NAME..

ADDRESSE..

....

MOBIL ....

ZUHAUSE#...

ARBEIT #..

FAX..

EMAIL...

NOTIZEN:

NAME..

ADDRESSE...

....

MOBIL ....

ZUHAUSE#..

ARBEIT #...

FAX...

EMAIL..

NAME..

ADDRESSE...

....

MOBIL ....

ZUHAUSE#..

ARBEIT #...

FAX...

EMAIL..

NAME..

ADDRESSE...

....

MOBIL ....

ZUHAUSE#..

ARBEIT #...

FAX...

EMAIL..

NOTIZEN:

NAME..

ADDRESSE..

....

MOBIL ....

ZUHAUSE#..

ARBEIT #..

FAX..

EMAIL...

NAME..

ADDRESSE..

....

MOBIL ....

ZUHAUSE#..

ARBEIT #..

FAX..

EMAIL...

NAME..

ADDRESSE..

....

MOBIL ....

ZUHAUSE#..

ARBEIT #..

FAX..

EMAIL...

NOTIZEN:

NAME..

ADDRESSE...

....

MOBIL ....

ZUHAUSE#...

ARBEIT #..

FAX...

EMAIL...

NAME..

ADDRESSE...

....

MOBIL ....

ZUHAUSE#...

ARBEIT #..

FAX...

EMAIL...

NAME..

ADDRESSE...

....

MOBIL ....

ZUHAUSE#...

ARBEIT #..

FAX...

EMAIL...

NOTIZEN:

NAME...

ADDRESSE...

....

MOBIL ....

ZUHAUSE#..

ARBEIT #..

FAX...

EMAIL...

NAME...

ADDRESSE...

....

MOBIL ....

ZUHAUSE#..

ARBEIT #..

FAX...

EMAIL...

NAME...

ADDRESSE...

....

MOBIL ....

ZUHAUSE#..

ARBEIT #..

FAX...

EMAIL...

NOTIZEN:

NAME...
ADDRESSE...
....
MOBIL ....
ZUHAUSE#..
ARBEIT #...
FAX..
EMAIL..

NAME...
ADDRESSE...
....
MOBIL ....
ZUHAUSE#..
ARBEIT #...
FAX..
EMAIL..

NAME...
ADDRESSE...
....
MOBIL ....
ZUHAUSE#..
ARBEIT #...
FAX..
EMAIL..

NOTIZEN:

NAME...

ADDRESSE...

....

MOBIL ....

ZUHAUSE#...

ARBEIT #...

FAX..

EMAIL...

NAME...

ADDRESSE...

....

MOBIL ....

ZUHAUSE#...

ARBEIT #...

FAX..

EMAIL...

NAME...

ADDRESSE...

....

MOBIL ....

ZUHAUSE#...

ARBEIT #...

FAX..

EMAIL...

NOTIZEN:

NAME...
ADDRESSE..
....
MOBIL ....
ZUHAUSE#..
ARBEIT #..
FAX..
EMAIL...

NAME...
ADDRESSE..
....
MOBIL ....
ZUHAUSE#..
ARBEIT #..
FAX..
EMAIL...

NAME...
ADDRESSE..
....
MOBIL ....
ZUHAUSE#..
ARBEIT #..
FAX..
EMAIL...

NOTIZEN:

NAME...
ADDRESSE...
....
MOBIL ....
ZUHAUSE#...
ARBEIT #...
FAX..
EMAIL...

NAME...
ADDRESSE...
....
MOBIL ....
ZUHAUSE#...
ARBEIT #...
FAX..
EMAIL...

NAME...
ADDRESSE...
....
MOBIL ....
ZUHAUSE#...
ARBEIT #...
FAX..
EMAIL...

NOTIZEN:

NAME..

ADDRESSE..

....

MOBIL ....

ZUHAUSE#...

ARBEIT #...

FAX...

EMAIL..

NAME..

ADDRESSE..

....

MOBIL ....

ZUHAUSE#...

ARBEIT #...

FAX...

EMAIL..

NAME..

ADDRESSE..

....

MOBIL ....

ZUHAUSE#...

ARBEIT #...

FAX...

EMAIL..

NOTIZEN:

NAME...

ADDRESSE..

....

MOBIL ....

ZUHAUSE#...

ARBEIT #...

FAX...

EMAIL..

NAME...

ADDRESSE..

....

MOBIL ....

ZUHAUSE#...

ARBEIT #...

FAX...

EMAIL..

NAME...

ADDRESSE..

....

MOBIL ....

ZUHAUSE#...

ARBEIT #...

FAX...

EMAIL..

NOTIZEN:

NAME..
ADDRESSE...
....
MOBIL ....
ZUHAUSE#..
ARBEIT #..
FAX...
EMAIL...

NAME..
ADDRESSE...
....
MOBIL ....
ZUHAUSE#..
ARBEIT #..
FAX...
EMAIL...

NAME..
ADDRESSE...
....
MOBIL ....
ZUHAUSE#..
ARBEIT #..
FAX...
EMAIL...

NOTIZEN:

NAME...
ADDRESSE...
....
MOBIL ....
ZUHAUSE#..
ARBEIT #...
FAX..
EMAIL...

NAME...
ADDRESSE...
....
MOBIL ....
ZUHAUSE#..
ARBΞIT #...
FAX..
EMAIL...

NAME...
ADDRESSE...
....
MOBIL ....
ZUHAUSE#..
ARBEIT #...
FAX..
EMAIL...

NOTIZEN:

NAME...

ADDRESSE..

....

MOBIL ....

ZUHAUSE#...

ARBEIT #..

FAX..

EMAIL..

NAME...

ADDRESSE..

....

MOBIL ....

ZUHAUSE#...

ARBEIT #..

FAX..

EMAIL..

NAME...

ADDRESSE..

....

MOBIL ....

ZUHAUSE#...

ARBEIT #..

FAX..

EMAIL..

NOTIZEN:

NAME...

ADDRESSE...

....

MOBIL ....

ZUHAUSE#..

ARBEIT #..

FAX...

EMAIL...

NAME...

ADDRESSE...

....

MOBIL ....

ZUHAUSE#..

ARBEIT #..

FAX...

EMAIL...

NAME...

ADDRESSE...

....

MOBIL ....

ZUHAUSE#..

ARBEIT #..

FAX...

EMAIL...

NOTIZEN:

NAME...

ADDRESSE..

....

MOBIL ....

ZUHAUSE#..

ARBEIT #...

FAX..

EMAIL...

NAME...

ADDRESSE..

....

MOBIL ....

ZUHAUSE#..

ARBEIT #...

FAX..

EMAIL...

NAME...

ADDRESSE..

....

MOBIL ....

ZUHAUSE#..

ARBEIT #...

FAX..

EMAIL...

NOTIZEN:

NAME..

ADDRESSE..

....

MOBIL ....

ZUHAUSE#...

ARBEIT #..

FAX..

EMAIL...

NAME..

ADDRESSE..

....

MOBIL ....

ZUHAUSE#...

ARBEIT #..

FAX..

EMAIL...

NAME..

ADDRESSE..

....

MOBIL ....

ZUHAUSE#...

ARBEIT #..

FAX..

EMAIL...

NOTIZEN:

NAME..

ADDRESSE...

....

MOBIL ....

ZUHAUSE#..

ARBEIT #...

FAX...

EMAIL..

NAME..

ADDRESSE...

....

MOBIL ....

ZUHAUSE#..

ARBEIT #...

FAX...

EMAIL..

NAME..

ADDRESSE...

....

MOBIL ....

ZUHAUSE#..

ARBEIT #...

FAX...

EMAIL..

NOTIZEN:

34

NAME...

ADDRESSE..

....

MOBIL ....

ZUHAUSE#..

ARBEIT #..

FAX..

EMAIL...

NAME...

ADDRESSE..

....

MOBIL ....

ZUHAUSE#..

ARBEIT #..

FAX ....

EMAIL...

NAME...

ADDRESSE..

....

MOBIL ....

ZUHAUSE#..

ARBEIT #..

FAX..

EMAIL...

NOTIZEN:

NAME...
ADDRESSE...
....
MOBIL ....
ZUHAUSE#...
ARBEIT #...
FAX...
EMAIL...

NAME...
ADDRESSE...
....
MOBIL ....
ZUHAUSE#...
ARBEIT #...
FAX...
EMAIL...

NAME...
ADDRESSE...
....
MOBIL ....
ZUHAUSE#...
ARBEIT #...
FAX...
EMAIL...

NOTIZEN:

NAME...

ADDRESSE...

....

MOBIL ....

ZUHAUSE#..

ARBEIT #..

FAX..

EMAIL..

NAME...

ADDRESSE...

....

MOBIL ....

ZUHAUSE#..

ARBEIT #..

FAX..

EMAIL..

NAME...

ADDRESSE...

....

MOBIL ....

ZUHAUSE#..

ARBEIT #..

FAX..

EMAIL..

NOTIZEN:

NAME..

ADDRESSE...

....

MOBIL ....

ZUHAUSE#..

ARBEIT #..

FAX..

EMAIL..

NAME..

ADDRESSE...

....

MOBIL ....

ZUHAUSE#..

ARBEIT #..

FAX..

EMAIL..

NAME..

ADDRESSE...

....

MOBIL ....

ZUHAUSE#..

ARBEIT #..

FAX..

EMAIL..

NOTIZEN:

NAME...

ADDRESSE..

....

MOBIL ....

ZUHAUSE#..

ARBEIT #..

FAX..

EMAIL...

NAME...

ADDRESSE..

....

MOBIL ....

ZUHAUSE#..

ARBEIT #..

FAX..

EMAIL...

NAME...

ADDRESSE..

....

MOBIL ....

ZUHAUSE#..

ARBEIT #..

FAX..

EMAIL...

NOTIZEN:

NAME...

ADDRESSE...

....

MOBIL ....

ZUHAUSE#...

ARBEIT #...

FAX..

EMAIL..

NAME...

ADDRESSE...

....

MOBIL ....

ZUHAUSE#...

ARBEIT #...

FAX..

EMAIL..

NAME...

ADDRESSE...

....

MOBIL ....

ZUHAUSE#...

ARBEIT #...

FAX..

EMAIL..

NOTIZEN:

NAME..
NAME..
ADDRESSE..
....
MOBIL ....
ZUHAUSE#..
ARBEIT #...
FAX...
EMAIL..

NAME..
ADDRESSE..
....
MOBIL ....
ZUHAUSE#..
ARBEIT #...
FAX...
EMAIL..

NAME..
ADDRESSE..
....
MOBIL ....
ZUHAUSE#..
ARBEIT #...
FAX...
EMAIL..

NOTIZEN:

NAME...

ADDRESSE..

....

MOBIL ....

ZUHAUSE#..

ARBEIT #..

FAX...

EMAIL..

NAME...

ADDRESSE..

....

MOBIL ....

ZUHAUSE#..

ARBEIT #..

FAX...

EMAIL..

NAME...

ADDRESSE..

....

MOBIL ....

ZUHAUSE#..

ARBEIT #..

FAX...

EMAIL..

NOTIZEN:

NAME..

ADDRESSE...

....

MOBIL ....

ZUHAUSE#..

ARBEIT #..

FAX...

EMAIL...

NAME..

ADDRESSE...

....

MOBIL ....

ZUHAUSE#..

ARBEIT #..

FAX...

EMAIL...

NAME..

ADDRESSE...

....

MOBIL ....

ZUHAUSE#..

ARBEIT #..

FAX...

EMAIL...

NOTIZEN:

NAME...

ADDRESSE..

....

MOBIL ....

ZUHAUSE#..

ARBEIT #..

FAX...

EMAIL...

NAME...

ADDRESSE..

....

MOBIL ....

ZUHAUSE#..

ARBEIT #..

FAX...

EMAIL...

NAME...

ADDRESSE..

....

MOBIL ....

ZUHAUSE#..

ARBEIT #..

FAX...

EMAIL...

NOTIZEN:

NAME..

ADDRESSE..

....

MOBIL ....

ZUHAUSE#...

ARBEIT #..

FAX..

EMAIL..

NAME..

ADDRESSE..

....

MOBIL ....

ZUHAUSE#...

ARBEIT #..

FAX..

EMAIL..

NAME..

ADDRESSE..

....

MOBIL ....

ZUHAUSE#...

ARBEIT #..

FAX..

EMAIL..

NOTIZEN:

NAME..
ADDRESSE...
....
MOBIL ....
ZUHAUSE#..
ARBEIT #...
FAX...
EMAIL..

NAME..
ADDRESSE...
....
MOBIL ....
ZUHAUSE#..
ARBEIT #...
FAX...
EMAIL..

NAME..
ADDRESSE...
....
MOBIL ....
ZUHAUSE#..
ARBEIT #...
FAX...
EMAIL..

NOTIZEN:

NAME...
ADDRESSE...
....
MOBIL ....
ZUHAUSE#...
ARBEIT #...
FAX...
EMAIL..

NAME...
ADDRESSE...
....
MOBIL ....
ZUHAUSE#...
ARBEIT #...
FAX...
EMAIL..

NAME...
ADDRESSE...
....
MOBIL ....
ZUHAUSE#...
ARBEIT #...
FAX...
EMAIL..

NOTIZEN:

NAME..

ADDRESSE...

....

MOBIL ....

ZUHAUSE#..

ARBEIT #...

FAX...

EMAIL..

NAME..

ADDRESSE...

....

MOBIL ....

ZUHAUSE#..

ARBEIT #...

FAX...

EMAIL..

NAME..

ADDRESSE...

....

MOBIL ....

ZUHAUSE#..

ARBEIT #...

FAX...

EMAIL..

NOTIZEN:

NAME..

ADDRESSE..

....

MOBIL ....

ZUHAUSE#..

ARBEIT #..

FAX...

EMAIL...

NAME..

ADDRESSE..

....

MOBIL ....

ZUHAUSE#..

ARBEIT #..

FAX...

EMAIL...

NAME..

ADDRESSE..

....

MOBIL ....

ZUHAUSE#..

ARBEIT #..

FAX...

EMAIL...

NOTIZEN:

NAME..

ADDRESSE..

....

MOBIL ....

ZUHAUSE#..

ARBEIT #...

FAX..

EMAIL...

NAME..

ADDRESSE..

....

MOBIL ....

ZUHAUSE#..

ARBEIT #...

FAX..

EMAIL...

NAME..

ADDRESSE..

....

MOBIL ....

ZUHAUSE#..

ARBEIT #...

FAX..

EMAIL...

NOTIZEN:

NAME...

ADDRESSE...

....

MOBIL ....

ZUHAUSE#...

ARBEIT #...

FAX..

EMAIL..

NAME...

ADDRESSE...

....

MOBIL ....

ZUHAUSE#...

ARBEIT #...

FAX..

EMAIL..

NAME...

ADDRESSE...

....

MOBIL ....

ZUHAUSE#...

ARBEIT #...

FAX..

EMAIL..

NOTIZEN:

NAME..

ADDRESSE..

....

MOBIL ....

ZUHAUSE#...

ARBEIT #...

FAX...

EMAIL...

NAME..

ADDRESSE..

....

MOBIL ....

ZUHAUSE#...

ARBEIT #...

FAX...

EMAIL...

NAME..

ADDRESSE..

....

MOBIL ....

ZUHAUSE#...

ARBEIT #...

FAX...

EMAIL...

NOTIZEN:

NAME...

ADDRESSE...

....

MOBIL ....

ZUHAUSE#...

ARBEIT #...

FAX..

EMAIL..

NAME...

ADDRESSE...

....

MOBIL ....

ZUHAUSE#...

ARBEIT #...

FAX..

EMAIL..

NAME...

ADDRESSE...

....

MOBIL ....

ZUHAUSE#...

ARBEIT #...

FAX..

EMAIL..

NOTIZEN:

NAME..
ADDRESSE..
....
MOBIL ....
ZUHAUSE#..
ARBEIT #..
FAX..
EMAIL..

NAME..
ADDRESSE..
....
MOBIL ....
ZUHAUSE#..
ARBEIT #..
FAX..
EMAIL..

NAME..
ADDRESSE..
....
MOBIL ....
ZUHAUSE#..
ARBEIT #..
FAX..
EMAIL..

NOTIZEN:

NAME...

ADDRESSE...

....

MOBIL ....

ZUHAUSE#..

ARBEIT #...

FAX...

EMAIL...

NAME...

ADDRESSE...

....

MOBIL ....

ZUHAUSE#..

ARBEIT #...

FAX...

EMAIL...

NAME...

ADDRESSE...

....

MOBIL ....

ZUHAUSE#..

ARBEIT #...

FAX...

EMAIL...

NOTIZEN: